AF370929

NOTICE

DE BONS LIVRES,

D'UNE BELLE CONDITION,

Qui seront vendus les ~~Lundi 3 et~~ Mardi 4 Octobre 1836,
six heures de relevée,

RUE DES BONS-ENFANS, Nº 30,

MAISON SILVESTRE.

---

1. Sainte Bible, traduite sur les textes originaux avec les diffé-
rences de la Vulgate. *Paris*, 1777, in-12, 6 vol., v. f.
2. Nouveau (le) Testament, en françois, avec des réflexions
morales (par Quesnel). *Amst.*, 1736, in-12, 8 vol., v. f.
3. Le Nouveau Testament. *La Haye, J. et D. Steucker*, 1664.
= Les Pseaumes de David, en rime française, par Cl. Marot
et Théod. de Beze. *La Haye*, 1664, in-12, mar. rou., riche
rel. à compartimens, tranche ciselée et peinte.
4. De La Harpe : Psautier français, 1804. Réfutation du livre
de l'Esprit, 1797. Du fanatisme dans la langue révolution-
naire, 1797, les 3 vol. in-8, br.
5. Summa doctrinæ de Fœdere et testamento dei, explicata
a Joa. Cocceio. *Lugd. Batav., Voorn*, 1660, p. in-12, mar.
rais. de Corinthe, fil., tr. dor. *Hering.*

1

(2)

6. Sermons de S.-Augustin sur les psaumes. *Paris*, 1789, in-12, 14 vol., v. f.

7. Lettres Provinciales, par Bl. Pascal. *Paris, Emler*, 1829, in-8, gr. pap., vél. br.

8. De la cruauté religieuse, par le Baron d'Holbach. *Londres*, 1769, p. in-8, mar. rou., fil., tr. dor. — De l'imposture sacerdotale, trad. de l'angl. *Londres*, 1767, pet. in-8, v. éc., fil. — Traité sur la Tolérance (par Voltaire). 1764, pet. in-8, v. f., fil. — Recueil philosophique. *Londres*, 1770, pet. in-8, 2 tom. en 1 vol., v. f.

9. La Contagion Sacrée, trad. de l'angl. *Londres*, 1768, 2 tom. en 1 vol. — L'Esprit du judaïsme. *Londres*, 1770, 1 vol. — La fausseté des miracles. *Londres*, 1775, 1 vol. Les 3 vol. pet. in-8, v. f., fil., tr. dor.

10. Israel vengé, par Is. Orobio. *Londres*, 1770. — Pièces philosophiques, 1771. — De la cruauté religieuse (par le Baron d'Holbach). 1775. — Opuscule ou Essai tendant à rectifier les préjugés nuisibles. 1791, les 4 vol. pet. in-8, br.

11. Esprit du droit, et ses applications à la politique, par A. Fritot. *Paris*, 1824, 1 vol. in-8. — Institutes de l'empereur Justinien, trad. par Du Caurroy. *Paris*, 1825 — Institutes de Justinien, nouv. expliquées, par A. M. Du Courroy, 3 vol. in-8, 1816-27.

12. Esprit du droit, par Fritot, 2ᵉ édition. *Paris*, 1827, in-8, br. (3 exempl.)

13. Les huit Codes annotés par Bourguignon père et Dalloz jeune. *Paris*, 1830, in-12. (200 exempl. en feuilles.)

14. Code pénal, collationné sur l'édition originale de l'imprimerie royale. *Paris*, 1832, in-32. (800 exempl. en f.)

15. Le même. *Paris, Corby*, 1832, in-12. (300 exempl. en f.)

16. Le même, in-8. (70 exempl. en feuilles.)

17. Code d'instruction criminelle, collationné sur l'édit. orig. de l'impr. royale. *Paris*, 1832, in-32. (800 exempl. en f.)

18. Le même. *Paris, Corby*, 1832, in-12, br. (300 ex. en f.)

19. Le même, tiré in-8. (70 exempl. en feuilles.)

20. Le code forestier, conféré et mis en rapport avec la législation qui régit les différens propriétaires et usagers dans les bois, par M. Curasson. *Paris*, 1828, in-8, 2 vol. br.

21. Cours de code civil, par M. Delvincourt. *Paris*, 1824, 3 vol. in-4. — Explication sommaire du code de procédure civile, par Demiau-Crouzilhac. *Paris*, 1825, in-8.

22. Code des imprimeurs libraires, écrivains et artistes, ou

(3)

recueil et concordance des dispositions législatives qui déter-
minent leurs obligations et leurs droits, par A. Pie. *Paris,
Corby*, 1827, in-8. (300 exempl. en feuilles.)

23. Manuel complet des maires, de leurs adjoints et des
commissaires de police, par M. Dumont, 8ᵉ édit. 1825,
in-8, 2 vol., br.

24. Dictionnaire des sciences et des arts, etc. etc., par Lunier.
Paris, 1806, in-8, 3 vol.

25. Manuel de la Bourse, 2ᵉ édit. par Lamft. *Paris*, 1829,
in-18. — Manuel complet de la maîtresse de maison, et de
parfaite ménagère, 2ᵉ édition, par Mᵐᵉ Celnart. *Paris*,
1828, in-18. — Manuel complet des jeux de société, par
Mᵐᵉ Celnart. *Paris*, 1827, in-18. — Manuel du limonadier
et du confiseur, par Cardelli, 4 édit. *Paris*, 1827, in-18.
— Manuel ou guide de ceux qui veulent bâtir, 2ᵉ édit., par
Leroy. *Paris*, 1820.

26. Discours de la méthode, et Méditations métaphysiques,
par Descartes. *Paris*, 1825, in-18, 2 vol. br.

27. Joh. Claubergii Defensio Cartesiana. *Amst., Elzev.*, 1652,
pet. in-12, mar. vert ol., fil. coins, plats et tr. dorée. *Lavé.*
(*Vogel.*)

28. Œuvres philos. de Saint-Lambert. An IX, in-8, 6 vol.,
d.-r.

29. Le Moraliste du xixᵉ siècle, par De Lacroix. 1828,
in-8. (14 exempl. en feuilles.)

30. The Spectator. *London*, 1712-15, in-8. 8 vol.

31. État des prisons, des hôpitaux et des maisons de force, par
J. Howard, trad. de l'angl. *Paris*, 1788, in-8, v. f., dent.

32. Cours de style diplomatique, par H. Meisel. *Paris, Aillaud*,
1826, in-8, 2 vol. br.

33. Lettres à Sophie sur la physique, la chimie, etc., par
Aimé Martin. 1811, 4 vol. in-18, fig., br.

34. Œuvres de Buffon. *Paris, stér. de Didot*, an vii, in-18,
fig., vol. br., et atlas, in-4, br. en carton.

35. Les mêmes. *Paris, Bastien*, 1811. 34, vol. in-8., br. en cart.

36. La Botanique de J. J. Rousseau, ornée de soixante-cinq
planches imprimées en couleurs, d'après les peintures de
P. J. Redouté. *Paris, Baudouin*, 1821, gr. in-4, pap. vél.,
d.-rel., mar. rou. *Duplanil.*

37. Cours élémentaire d'hygiène, par L. Rostan, 2ᵉ édit. *Paris*, 1828, in-8, 2 vol. — Observations sur la phrénologie,
par Spurzheim. *Paris*, 1818, in-8.

38. Applicat. de l'algèbre à la géométrie, par Bourdon. 1825, in-8, = Élémens d'arithmétique, par le même, 2ᵉ édit. 1824. in-8, = Traité élément. d'arithmétique, 3ᵉ édit., *Paris*, 1801. in-8.

39. Traité de Géométrie descriptive, par L. L. Vallée, 2ᵉ édit. *Paris*, 1825, 1 vol. in-4, et atlas.

40. Histoire des machines à vapeur, depuis leur origine jusqu'à nos jours, par M. Hachette. *Paris*, *Corby*, 1830, in-8, fig. (600 exempl. avec le cuivre.)

41 Annales du musée et de l'école moderne des beaux-arts, par Landon, tome 2; tome 3 (manq. la 4ᵉ et 18ᵉ li●); tome 4 à 11; tome 13, 15, 16, 14. = Paysages, 1, 2, 3; = tome complément. = Salon de 1808, 2 vol ; de 1812, tome 2; de 1814, 1 vol.; de 1817, 1 vol.; de 1819, 2 vol. = Galerie Guistiniani, 2ᵉ colect., partie ancienne. 3 vol. En tout 29 vol.

42. Figures (14) pour Faublas, d'après Gérard, par S. Aubin et Tilliard. — Figures (13) pour Faublas in-18.

43. Figures (5) dessinées par Desenne pour les œuvres de Gilbert, avant la lettre. — Vignettes (4) dessinées pas Desenne pour les Lettres à Sophie par Aimé Martin, sur pap. de Chine, avant la lettre.

44. Figures (16) dessinées par Hor. Vernet, pour les Œuvres de Molière. — Figures (18) pour Télémaque, eau forte.

45. Figures (64) dessinées par Maureau le jeune, pour les Œuvres de J. J. Rousseau.

46. Figures (24) dessinées par Rich. Westall, pour les Œuvres de Lord Byron, édit. Ladvocat.

47. Figures (42) dessinées par Deveria, pour les Œuvres de J. J. Rousseau, sur pap. de Chine, avant la lettre

48. Vignettes (12) et un portrait dessinés par Gérard, Girodet, Desenne et Deveria, pour les Œuvres de Racine. *Paris Furne*, 1827, avant la lettre.

49. Figures (14) dessinées par Chaudet, gravées par Alex. Tardieu, pour les Œuvres de Montesquieu, sur pap. de Chine, avant la lettre.

50. Traité de géométrie et d'architect. théoriq. et pratique simplifié, par C. J. Toussaint, 2 vol. in-4 et 2 atlas. (*Paris*, 1812), br. en cart.

51. Architecture moderne, ou l'art de bien bâtir, pour toute sorte de personnes, etc. *Paris*, 1728, 2 vol. in-4, rel. bas.

52. Précis des leçons d'architecture données à l'Ecole Poly-
technique, par Durand. *Paris*, 1802-1805, 2 vol. in-4,
cartonnés.

53. Grands prix d'architecture; in-fol., cahiers 1 à 20, plus
des planches détachées.

54. Plan, coupe, élévation et détails du nouveau marché
Saint-Germain, par J. B. Blondel et L. Lusson. *Paris*, 1816,
in-fol.

55. De la composition des parcs et jardins pittoresques, par
J. Lalos. *Paris*, 1817, fig., in-8, cart.

56. De l'attaque et de la défense des places, par Vauban.
La Haye, 1762-3, 2 vol. in-8, v. m. — Examen détaillé
de l'importante question de l'utilité des places fortes, etc.
Amst., 1789. — Mémorial pour l'attaque des places, ouvrage
posthume de Cormontaigne. *Paris*, 1815, 1 vol. in-8.

57. Mémorial de l'officier du génie, 2 n° 1 et 1 n° 2. ═ Mémorial topographique et militaire, n°ˢ 1, 3, 4, 5, 6, plus
un n° 4 en double.

48. Lycée, ou cours de littérature, par La Harpe, an vii, 19 vol.
═ Mélanges inédits du même, publ. par Salgues, 1810,
1 vol., les 20 vol. in-8, à la bradel.

59. Gradus ad parnassum, par Boinvilliers. *Paris*, 1814,
18ᵉ éd. ═ Dictionnaire grec-français, de Planche, 2ᵉ édit.
Paris, 1817, rel. ═ Dictionnaire latin-français, de Noël.
Paris, 1820, rel. ═ Vocabulaire françois. *Paris*, 1778, in-8,
rel. ═ Synonymes latins, par Achaintre. *Paris*, 1821, in-8,
rel. ═ Dictionnaire géographique de Vosgien. *Paris*, 1821,
in-8, rel.

60. Dictionnaire de l'Académie française, 5ᵉ édit.; in-4, 2 vol.,
1841, cart.

61. Dictionnaire portatif (nouv.) françois-allemand et alle-
mand-français, par J. G. Haas. *Leipsig*, 1805, in-8, 2 vol.
cart.

62. Cours de rhétorique et de belles-lettres, par Hugues Blair,
2ᵉ édit. *Paris*, 1821, in-8, 2 vol., bas.

73. Dan. Heinsii Orationes; accedunt dissertationes aliquot.
editore Nic. Heinsio. *Amst.*, *ex off. Elzev.*, 1657, pet. in-12,
c. de Russie, fil., tr. dor.

64. Institutions oratoires de Quintilien, trad. par C. V. Oui-
zille. *Paris*, *Panckoucke*, 1829, in-8, 2 vol., br. (t. 1-2) —
Le génie de Voltaire apprécié dans tous ses ouvrages, par
Palissot. *Paris*, 1806, in-8, cart.

66. Lettres de Mme de Sévigné, notes de Grouvelfe. 1811, in-18. *Stér. Herhan*, 12 vol. br.

66. Lettres inédites de Voltaire, de Mme Denis et de Colini, adressées à M. Dupont. *Paris, Mongie*, 1821, in-8, pap. vél., br.

67. Consolations de ma captivité, ou correspondance de Roucher. *Paris*, 1797, in-8, 2 vol., br.

68. Lettres du comte de Mirabeau, depuis le 10 mai jusqu'au 15 octobre 1789, in-8, 2 vol. cart.

69. Les Bucoliques de Virgile, trad. en vers par Firmin Didot. *Paris*. 1806, in-8, p. vél., v. gauff., dent., tr. dor.

70. OEuvres compl. d'Horace, trad. en franç. par Ch. Batteux avec un comment par Achaintre. *Paris, Dalibon*, 1823, in-8, gr. pap. vél., 3 vol. br.

71. Métamorphoses d'Ovide, trad. en vers par de Saint-Ange, 1808, in-8, pap. vél., fig., 4 vol., v. f., fil. — Lettres d'Ovide, trad. en vers par de Saint-Ange, 1804, in-8, 2 vol. br.

72. Satires de Perse, trad. par Sélis, revues par Achaintre. *Paris, Dalibon*, 1822, in-8, d.-rel. v.

73. Opere poetiche di Dante Alighieri con note di diversi, publ. da Buttura. *Paris, Lefèvre*, 1823, in-8, 2 vol., v., tr. dor.

74. Roland furieux, trad. de l'italien de l'Arioste, par MM. Panckoucke et Framery, 1787, 10 vol. = Jérusalem délivrée, trad. du Tasse par les mêmes. 1785, 5 vol., les 15 vol. in-18, d.-rel.

75. Les Mille et une Nuits, trad. par Galland, rev. et augm. par M. Destans. *Paris, Galliot*, 1822, in-8, fig., 6 vol., br.

76. Les métamorphoses, ou l'ane d'or d'Apulée avec le dé-mon de Socrate, trad. en franç. *Paris*, 1707, in-12, fig., 2 vol., v. br.

77. Adèle de Sénange, par Mme de Souza, 2 vol.; Zaïde par Mme Lafayette, 2 vol.; Lettres Péruviennes, par Mme de Graffigny, 1 vol; Mademoiselle de Clermont, par Mme de Genlis, 1 vol; La dot de Suzette, par Fiévée, 1 vol.; La chaumière indienne, par Bernardin de St-Pierre, 1 vol.; Les amours de Blanche Bazu et Pierre le Long, 1 vol.; Lettres de Milady Catesby, par Mme de Riccobini, 1 vol.; Lettres de Fanny Butler, par la même, 1 vol.; La princesse de Clèves, par Mme Lafayette, 2 vol. *Paris, Werdet et Lequien*, 1827, in-32, pap. vél., 15 vol., d.-rel., v.

78. Histoire de Gil-Blas, par Lesage. *Paris, Froment, 1832,* in-32, pap. vél., fig., 5 vol., br.

79. Le même. *Paris, Parmentier, 1824,* in-12, fig. sur pap. ord., pap. de Chine et eaux fortes, 4 vol., v. vert, dent à fr. et comp., tr. dor. *Bibolet.*

80. Vie de Faublas par Louvet de Couvray. *Paris, Fréchet,* 1807, in-12, 4 vol., br.

81. Les Amours de Faublas, par Louvet. *Paris, 1832,* in-32, fig., 3 vol., br.

82. Antigone, par M. P. S. Ballanche, 2ᵉ édit. *Paris, Didot a.* 1819, in-8, fig., pap. vél., v. f., dent. plats à fr., tr. dor. *Simier fils.*

83. Minnili, ou Souvenirs d'un officier français, dans une vallée suisse, en 1814 et 1815, imité de Clauren. *Paris, 1828,* in-12. (250 exempl. en feuilles.)

84. El ingenioso hidalgo Don Quixote de la Mancha, por Mig. de Cervantes Saavedra. *Paris, Bossange y Masson, 1814,* in-18, fig., pap. vél., 7 vol. br.

85. Poésies de Marie de France, poète Anglo-Normand du XIIIᵉ siècle, publ. par B. de Roquefort. *Paris, Chassériau,* 1819, in-8, fig., 2 vol. br.

86. Les quinze joyes du mariage; auquel on a joint le blason des fausses amours, le loyer des folles amours et ie triomphe des muses contre l'amour. *La Haye, de Rogissart, 1726,* in-12, br.

87. Œuvres complètes de Clément Marot (publ. par J. Lacroix). *Paris, Rappilly, 1824,* in-8, gr. pap. vél., 3 vol. br.

88. Poésies de Malherbe suivies d'un choix de ses lettres. *Paris, Janet et Cotelle, 1822,* in-8, d.-r., v.

89. Œuvres choisies de Malherbe, publ. par L. Parelle. *Paris, Lefèvre, 1825,* in-8, gr. pap. vél., 2 vol., br.

90. Contes et nouvelles en vers, par Lafontaine. *Amst., 1762,* in-8, fig., des ferm. gén. 2 vol., mar. rou., dent., tr. dor.

91. Les mêmes, 1777, in-8, fig., 2 vol., cart. à la bradel.

92. Caquet bonbec, la poule à ma tante, par Junquières. *Paris, Rignoux, 1824,* in-32, d.-r. v. — Voyage de Chapelle et de Bachaumont, suivi de leurs poésies. *Paris, C. Letellier,* 1826, in-8, pap. vél., br.

93. Œuvres de Le Brun, publiées par Ginguené. *Paris, 1811,* in-8, 4 vol., rac.

94. Œuvres de J. Delille. *Paris, Michaud, 1804,* in-18, fig., 17 vol. br.

95. Philippe-Auguste, poème héroïque, en XII chants par P. A. Parseval. *Paris, Baudouin*, 1826. = Lancastre, ou l'usurpation, pièce en 5 actes, en vers par d'Epagny. *Paris, Peytieux*, 1829, in-8, d.-r., mar. vert à n.

96. 8 vol. in-18 et in-12, br. Amadis de Gaule, Chevalier de la Table ronde, la Danse de Berchoux, etc., etc.

97. Dan. Heinsii de tragœdiæ constitutione lib. *Lugd. Bat., ex off. Elzevir*, 1645, pet. in-12, cuir de Russie, fil., tr. dor.

98. Théâtre des Grecs, trad. par P. Brumoy, avec notes par Brotier, etc. *Paris*, 1785, in-8 tiré in-4, pap. vél., 13 vol., v.

98 *bis*. Œuvres de P. Corneille, avec les commentaires de Voltaire. *Paris, A. A. Renouard*, 1817, in-8, fig., 12 vol., br.

79. Œuvres de P. Corneille, *Paris, Janet et Cotelle*, 1821, in-8, 12 vol., d.-r., v. à n.

100. Œuvres de Racine avec comm., par La Harpe, 1807, in-8, 7 vol., d.-r.

701. Œuvres de Molière avec les remarq. de Voltaire. *Amst. Arkstée et Merkus*, 1775, pet. in-12, fig., 6 vol., br.

102. 32 vol. in-18 de poésies et théâtres; stéréot. de Didot, dont Molière, Régnard, Boileau, Corneille, Destouches, etc.

103. Œuvres de Plutarque, trad. du grec par Amyot. avec notes par Brottier, Vauvilliers et Clavier. *Paris, Janet et Cotelle*, 1818, in-8, 25 vol., br.

104. M. Tullii Ciceronis opera ex recens. Jos. Vict. Le Clerc, edidit J. A. Amar. *Paris, Lefèvre*, 1824, in-32, pap. vél., 18 vol., v. lilas, dent. à fr., tr. dor.

105. Collection des classiques français en un vol. *Paris, Roux Dufort*, 1825, in-8, pap. vél., 60 liv. (compl.)

106. Œuvres de La Fontaine, revues par M. Walckenaer, Fables. *Paris, L. Debure*, 1826, 2 vol., pap. vél., fig. s. pap. de Chine. = Contes. *Paris, Lefèvre*, 1822, 1 vol., pap. ord., fig. — Théâtre. *Lefèvre*, 1827, pap. vél., 1 vol. = Œuvres diverses. *Lefèvre*, tom. 1, 1821, pap. ord., fig., tom. 2, 1827, pap. vél., les 6 vol., d.-r. v.

107. Œuvres de J. B. Rousseau. *Paris, Lefèvre*, 1820, in-8, 5 vol.

108. Œuvres complètes de Voltaire. *Kehl*, 1785, in-8, 70 vol., manq. 11, 31, 32, 33, 41, 44, 45, 48, 52, 54, 55, 56, 66.

109. Les mêmes. *Paris, Lefèvre et Déterville*, 1818, in-8, pap. vél., 42 vol. br.

110. Les mêmes. *Paris, Thomine*, 1822, in-12, 60 vol. br.

111. OEuvres de J. J. Rousseau. *Paris, Didot a.* an ix, in-8, pap. vél., 20 vol., br. en cart.

112. Les mêmes. *Paris, Thomine*, 1823, in-12, 25 vol. br.

113. OEuvres de Mirabeau, précédées d'une notice par M. Mérilhou. *Paris, Brissot Thivars*, 1826, in-8, 9 vol., br.

114. De La Harpe : OEuvres choisies et posthumes. 1806, 4 vol. Correspondance littéraire avec le grand-duc de Russie. 1807, 6 vol. ; les 10 vol., v. br.

115. OEuvres de M. J. Chénier, revues et mises en ordre par Ch. Robert. *Paris, Guillaume*, 1826, in-8, 6 vol., br. — OEuvres posthumes, revues par MM. Daunou et Ch. Robert. *Paris, Guillaume*, 1824, in-8, 4 vol. br.

116. OEuvres de Florian. *Paris, Renouard*, 1807, in-18, fig., 16 vol. br.

117. OEuvres de Marmontel. *Paris, Verdière*, 1818, in-8, 19 vol. br.

118. OEuvres de Bernardin de Saint-Pierre, publ. par Aimé Martin. 1818, in-8, fig., 12 vol. br.

119. OEuvres de Volney. 1825, in-8, 8 vol. br.

120. OEuvres de F. B. Hoffman. *Paris, Lavigne*, 1834, in-8, 10 vol. br.

121. OEuvres complètes du comte de Ségur. *Paris, Eymery*, 1824, in-8, 30 vol., d.-r., et atlas cart.

122. Nouveaux Mélanges historiques et littéraires, par M. Villemain. *Paris*, 1827, in-8.

123. OEuvres complètes de Machiavel, trad. par J. V. Peries. *Paris, Michaud*, 1823, in-8, 12 vol. br.

124. Proverbes et dictons populaires, avec les dits du mercier et des marchands, et les crieries de Paris aux xiiie et xive siècles, publiés par G. A. Crapelet. *Paris, Crapelet*, 1831, in-8, gr. pap. vél., br.

125. Voyage en Angleterre pendant les années 1810 et 1811, par Simond, planches et vignettes. *Paris*, 1817, in-8, 2 vol.

126. Voyage historique et littéraire en Angleterre et en Ecosse, par M. Amédée Pichot, *Paris*, 1825, in-8, 3 vol.

127. Voyage en Grèce, fait dans les années 1803 et 1804, par J. S. Bartholdy. *Paris*, 1807, in-8, 2 vol.

128. Correspondance d'Orient, 1830-31, par M. Michaud et M. Poujoulat, in-8, tom. 1er.

129. Voyage dans l'Empire Ottoman, l'Egypte et la Perse, par Olivier. An IX. 6 vol. in-8, et atlas in-4, *Bradel*.

150. Voyage dans la basse et la haute Egypte, pendant les campagnes du général Bonaparte, par Vivant Denon. *Paris*, 1802, in-12, 5 vol., d.-r. dos de v.

151. Voyages d'Alex. Mackenzie, dans l'intérieur de l'Amérique Septentrionale, faits en 1789, 1792 et 1793, trad. de l'anglais par Castéra. *Paris*, 1802, in-8, 3 vol.

152. Voyage à la Martinique, vues et observations politiques sur cette île, etc., par J. R., général de brigade. *Paris*, 1804, in-8 —, Voyage à la Louisiane, et sur le continent de l'Amérique septentrionale, fait pendant les années 1794 à 1798, par B*** D***. *Paris*, 1802, in-8.

155. Origine de tous les cultes, par Dupuis. *Paris, Agasse*, an III, in-8, 7 vol. rel. en 12, d.-r. v.

154. Des Cultes qui ont précédé et amené l'idolâtrie, et l'adoration des figures humaines; par J. A. Dulaure. *Paris*, 1807, in-8, d.-r.

135. Histoire de l'ordre militaire des Templiers, par P. Du Puy. *Bruxelles*, 1751, in-4, v. m.

136. Précis de l'histoire universelle, par Anquetil, *Paris*, 1807, in-12, 12 vol. br.

137. Histoire universelle ancienne et moderne, par M. le comte de Ségur. *Paris*, 1821-22, 10 vol. in-8, atlas in-4 obl., br.

158. Ephémérides universelles, par Arnault, Guizot, etc. *Paris, Corby*, 1828, in-8, 13 vol. br.

139. Histoire ancienne de Rollin. *Paris, Ve Etienne*, 1781-8, in-12, 13 vol., v. jaspé.

140. Voyage du jeune Anacharsis, par Barthélemy. *Paris, Debure*, 1789, in-8, 7 vol. et atl. in-4, v. gr., dent.

141. Le même. *Paris, Didot j.*, an VII, in-4, pap. vél., 7 vol. et atlas in-fol. br., en cart.

142. Le même. *Stér. d'Herhan*, 1809, in-18, 7 vol. et atlas in-4. br.

143. Le même. *Paris, Desray*, 1817, 7 vol. in-8, atlas in-fol.

144. Voyages d'Antenor, par Lantier. 1811, in-18, 5 vol. br.

145. Histoire romaine de Rollin avec la continuation, par Crévier. *Paris, Ve Etienne*, 1740-48, 16 vol. in-12, v. j.

146. Corn. Taciti opera ex recensione et cum supplem. Gab. Brotier, edidit J. A. Amar. *Paris, Lefèvre*, 1822, in-32, pap. vél., 5 vol., mar rou., fil., tr. dor.

147. Histoire philosophique des empereurs, par Toulotte.
1822, in-8, 3 vol., br.

148. Etudes ou discours historiques sur la chute de l'empire
romain, etc., par M. de Chateaubriand. *Paris, Lefèvre,* 1831,
4 vol. in-8.

149. Mémoires de la société des antiquaires de la Normandie,
1824, 1825 et 1826. *Caen, Mancel,* in-8, 4 vol., 2 atlas.
— Description des monumens de sculpture du musée des
monumens français, par Alex. Lenoir. *Paris, an v, in-8.*

150. Tableau des révolutions de l'Europe, depuis le boulver-
sement de l'empire romain en occident jusqu'à nos jours,
par M. Koch. *Paris,* 1814, in-8, 4 vol., br.

151. Cours d'histoire moderne, par M. Guizot. Histoire géné-
rale de la civilisation en Europe, depuis la chute de l'empire
Romain jusqu'à la révolution française. *Paris,* 1828, in-8,
d.-r., v. à n.

152. Observations sur l'histoire de France par Mably, conti-
nuées par Brizard. *Kehl,* 1788, in-12, 6 vol., d. r.

153. Essais sur l'histoire de France, par M. Guizot. *Paris,*
1833, in-8, d.-r., v. à n.

154. Histoire de France jusqu'au retour de Louis XVIII, en
1814, représentée par figures gravées par F. A. David, accom-
pagnées d'un précis historique, par Ant. Caillot. *Paris, David*
1817, in-8, 3 vol., br.

155. Fastes de la nation française, ou tableaux gravées avec
texte explicatif, par Ternisien d'Haudricourt. *Paris, Pottier,*
an XII, in-4, 2 vol., cart.

156. Collection des mémoires relatifs à l'histoire de France,
publ. par Petitot, 1re série, 52 vol. ; 2e série, 79 vol. ; manque le 7e vol.

757. Panorama militaire ou précis de l'histoire des troupes
françaises, par Amiot. *Paris,* 1830, in-8, br.

158. Combat (le) de trente Bretons contre trente Anglais,
publié d'après le manuscrit de la bibl. du Roi, *Paris, Crapelet,* 1827 in-8, gr. pap.

159. Pièces historiques pour l'instruction du temps présent :
La France mourante, consultation historique à trois person-
nages ; le chancelier de l'Hôpital ; le capitaine Bayard, dit le
Chevalier sans reproche ; la France malade ; la Chemise San-
glante de Henri le Grand. *Se trouve chez tout le monde, et prin-
cipalement à l'hospice de la rue de Grenelle Saint-Germain,*

1829. *Jouxte la copie impr. vers* 1620. *(Impr. par Crapelet)*, in-8, gr. pap. vél. *Bradel.* (Tiré à 24 exemplaires.)

160. La découverte des équivoques et échapatoires des jésuites sur leur prétendu bannissement. Le Courrier breton, ou passepartout des jésuites, etc. *Paris (Crapelet)*, 1830, in-8, br. — Le Saint déniché ou la banqueroute du marchand de miracles, comédie (par le P. Bougeant). *Cracovie, Jean le Sincère*, 1732, pet. in-8, br.

161. Campagne du duc de Noailles en Allemagne en 1743. *Amst.*, 1760, in-12, 2 vol., v. m. — Précis des campagnes de l'armée du Rhin et Moselle, l'an IV et l'an V sous le commandement du général Moreau, par Didon. 1 vol. in-8. — Relation des campagnes de Bonaparte en Egypte et en Syrie, par Berthier. *Paris*, an VIII, in-8.

162. Victoires et Conquêtes des Français, de 1792 à 1815. *Paris. Panckoucke*, 1818, in-8, fig., 26 vol., br.

163. Relation de la bataille de Marengo, par Berthier. In-4, cartes et plans, veau dent., tr. dor. — Bataille d'Eylau, français et allemand, in-4, 4 cartes.

164. Histoire de Napoléon et de la grande armée en 1812, par le comte de Ségur, 8ᵉ édit. *Paris*, 1826, in-8, 2 vol. et atlas br.

165. Mémoires pour servir à l'histoire de France sous Napoléon; par Gourgaud et Montholon. *Paris, F. Didot*, 1823, in-8, 8 vol., br.

165 *bis*. Mémoires inédits de L. H. de Lomenie, comte de Brienne, publiés par F. Barrière. *Paris, Ponthieu*, 1828, in-8, 2 vol., br.

166. Recueil des cartons (feuilles supprimées) de l'histoire de Paris par Dulaure, in-8.

167. Tableau des Pyrénées françaises, par Arbanère. *Paris, Treuttel*, 1828, in-8, 2 vol. — Annuaire statistique du département de la Dordogne pour l'an XII, par G. Delfau. *Périgueux*, an XII, in-8,

168. Tableau de l'Espagne moderne, par Bourgoing. *Paris*, 1807, in-8, 3 vol et atlas, br.

169. Itinéraire descriptif de l'Espagne, par M. Al. de Laborde. *Paris*, 1829, in-8, 5 vol., manque l'atlas..

170. Histoire d'Angleterre jusqu'au traité de Paris en 1814, représentée par figures gravées par David, accompagnée d'un précis historique, par Caillot. *Paris, David*, 1818, in-8, br.

171. Tableau des règnes de Charles II et de Jacques II, par
Boulay de la Meurthe. 1822, in-8, 2 vol. br.

172. Histoire philosophique et politique de Russie... par
Esneaux et Chennecot. *Paris, Corréard*, 1830, in-8, pap.
vél., 6 vol., br.

173. Traité des monnaies musulmanes trad. de l'arabe de
Makrizi, par A. I. Silvestre de Sacy. *Paris*, 1797. in-8.

174. Manuel du bibliophile, ou traité du choix des livres, par
G. Peignot. *Dijon, V. Lagier*, 1823, in-8, 2 vol., br.

175. Voyage bibliographique, archéologique et pittoresque
en France, par le rév. Th. Frognall Dibdin, trad. de l'angl.
avec des notes, par Th. Licquet. *Paris, Crapelet*, 1825, in-8,
4 vol., br.

175 *bis*. Mémoires de Bachaumont. *Paris*, 1809, in-8, 5
vol., br.

176. Histoire de la vie et des ouvrages de Molière, par Jules
Taschereau. *Paris, Brissot Thivars*, 1828, in-8, gr. pap.
vél., br.

177. 20 vol. in-12 brochés : OEuvres de Dumont, de Vertot,
Lettres à Émilie, Fables de La Fontaine, etc.

178. 14 vol. in-18, br. : Le compère Mathieu, Gilblas, éd. de
Chaigneau, Essai sur les préjugés de Dumarsais.

-----

9. Litterary hours, by W. Drake. In-8, 3 vol., mar. rouge.

A PIHAN DE LA FOREST, IMPRIMEUR,
Rue des Noyers, 37.

145

18 vol. 12.   5   "

18 vol.   4   10

18 — 12 vol.   4   "

14 — 12 historique.   6   50

18   12 .   6   40

brochures 8   1   45

". Deux mille Sous, mille   3   "

". deux   11   "

1; v8.°   13   "

32 in 8t   7   "

24 in 18   6   "

Broste ———   6   "
                       ——
17   12 50

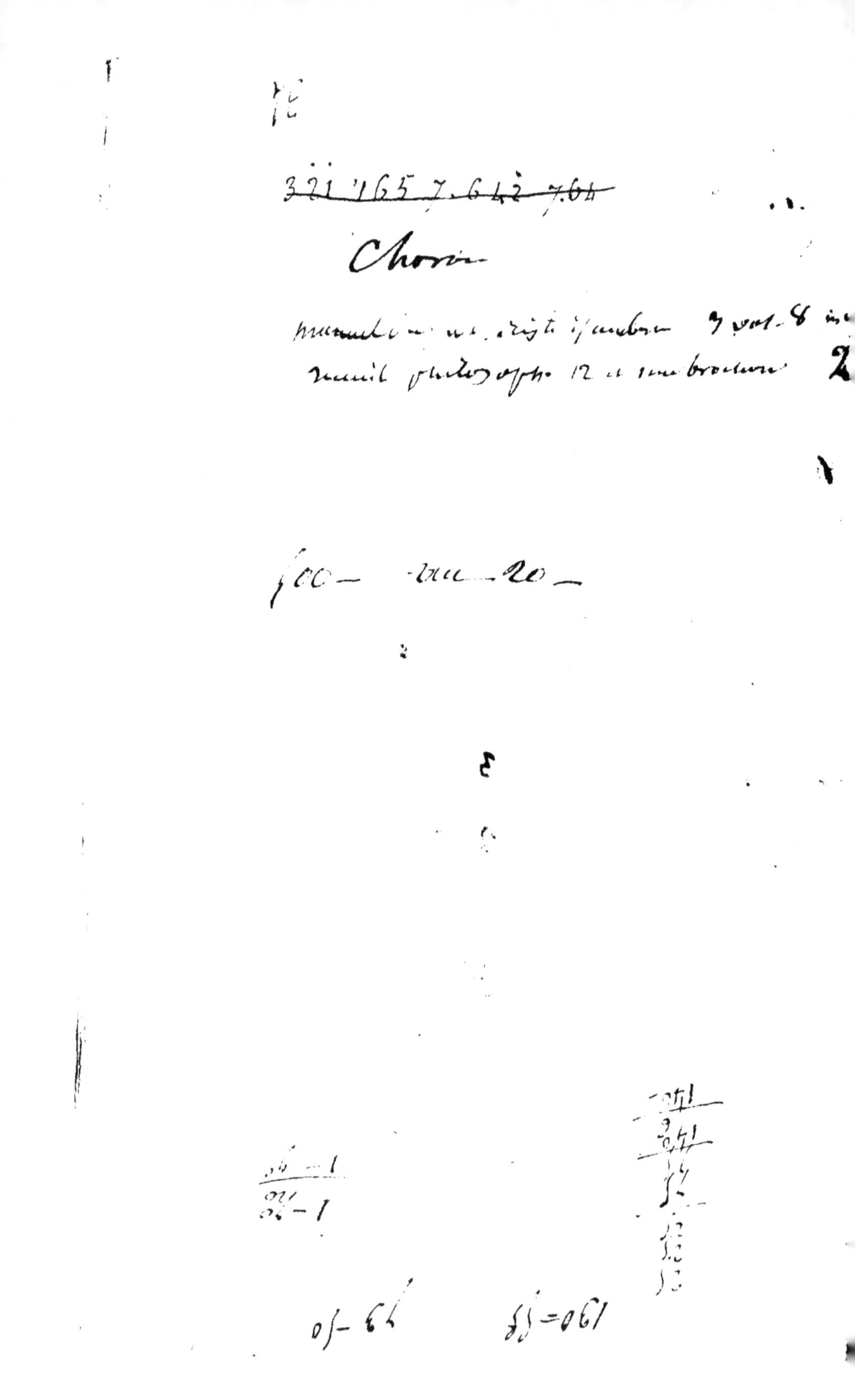

321 '165 . 7. 642 . 7.64

Chopin

[illegible] recueil philosophe 12 et une brochure

f 00 — [illegible] 20 —

Total	Beaug.	Charron	Corby	Barnard [×]
1 85	1 85			
1 ..	1 ..			
8 20		..	8 20	
1 ..				1 ..
2 45			2 45	
4 05	4 05			
2 50			2 50	
6 60			6 60	
8 ..			8 ..	
1 ..			1 ..	
9 ..	9 ..			
1 75			1 75	
.. 90			0 90	
.. ..				
.. ..				
.. ..				
.. ..				
.. ..				
.. ..				
6 20			6 20	
14 50	14 50			
69=11	30 40	35 95		1 ..

60 = "

	Total	Beuig. 30 40	Charron 35 05	Corby	-Bun... 1
22	0 55			0 55	
23	2 ..	2 ..			
24	10 50	10 50			
25	3 45	3 45			
26	2 ..	2 ..			
27	6 60		6 60		
28	8 05				8
29	8 ..			8 .	
30	10 ..	10 .			
31	10 ..		10 .		
32	6 50		6 50		
33	2 ..				2
34	16 50				16
35	29 ..	29 .			
36	31 ..		31 .		
37	10 ..	10 .			
38	2 80	2 80			
39	9 ..	9 ..			
40	0 50			0 50	
41	.. ..				
42	3 55		3 55		
	241 = "	109 13	92 70		27

241 —"

	Benj.	Cher.	Arby	Barrad
	109 15	52 70		27 55
1 50		1 50		
4 25		4 25		
" "				
3 "		2 .		
" "				
10 50		10 50		
2 05		2 05		
26 "	26 .			
5 "	5 .			
16 "	16 .			
" "				
" "				
" "				
1 "	1 .			
2 "	2 .			
18 "				18 "
15 50	15 50			
4 "	4 .			
2 30	2 30			
6 "	6 "			
5 05		5 05		
363 15	186 95	119 05		45 55

	363=15 Being.	Ch	Corb	Bar	
		119·05		45	55
64	4 20	4 20			
65	5 "			5	„
66	1 "	1 .			
67	" "				
68	" "	"			„
69	2 "	2 .			
70	12 50	12 50			
71	16 "			16	.
72	1 65	1 65			
73	" "				
74	18 "			18	.
75	19 "	19 .			
76	1 50	1 50			
77	18 "	18 .			
78	2 "	2 „			
79	12 "	12 .			
80	2 05			2	05
81	2 20	2 20			
82	3 75	3 75			
83	" "				
84	10 50	10 50			
85	3 80	3 80			
	498=40	213 15		86	60

498=40 B.	Ch	Co	Bor
	186 95	213 15	86 60
" "			
10 "		10 .	
2 "		2 .	
4 "		4 .	
8 "		8 .	
4 95			4 95
4 "		4 .	
2 50	2 50		
9 50			9 50
2 60		2 60	
3 60			3 60
3 55		3 55	
62 50			
28 50			
31 50		31 50	
7 "			7 .
2 "		2 .	
8 95			8 95
40 "		40 .	
32 50		32 50	
9 45		9 45	
77·3=70 189. 45		362 75	118. 80

	77.3=70	B	Ch.	Co	Ba
		189 45	362 75		. 118 80
106	18 "		18 .		
107	7 50	7 50			
108	26 "	26 .			
109	58 "		58 .		
110	25 50				25 50
111	30 50		30 50		
112	15 "				15 .
113	16 "	16 .			
114	4 55				4 55
115	15 "		15 .		
116	7 "				7 .
117	44 "				44 .
118	27 "				27 .
119	27 "				27 .
120	23 "		23 .		
121	72 "		72 .		
122	3 "	3 .			
123	30 50		30 50		
124	7 "		7 .		
125	15 50	15 50			
126	7 5	7 5			
127	2 "	2			
	1244=80	266.50	606.75		268.65

1244=80	B.	Ch	Co	Bar
	266 50	606 75		268 65
6 of	6 of			
12 50				12 50
4 „	4 .			
2 „	2 .			
1 „	1			
19 50		19 50		
1 95	1 95			
2 30	2 30			
7 05				7 05
25 „	25 .			
30 50				30 50
18 „	18			
16 50		16 50		
23 „		23 .		
4 95				4 95
" ———	"			
1 80				1 80
23 50	23 50			
13 „		13 .		
9 50				3 50
13 50	13 50			
15 „	15 .			
1489=40	378.80	674 75		304

No.	1480=40	B	Ch	Co	Bar
		378 80	678 75		328 95
150	15 "	15 .			
151	6 75		6 75		
152	1 10	1 10			
153	8 75		8 75		
154	6 ..		6 ,		
155	8 ..		8 .		
156	306 ,	306 ,			
157	2 60				2 60
158	8 ..	8 .			
159	6 10		6 10		
160	1 ,,		1 —		
161	1 ,,	1 .			
162	27 ,,		27 .		
163	1 60	1 60			
164	7 05		7 05		
165	13 ,,		13 ..		
165 Bis	2 05		2 05		
166	,, ,,				
167	3 ,,	3 .			
168	6 30				8 20
169	7 95	7 95			
170	1 60		1 60		
	1098-95	722 45	761 00		[illegible]

1921=25

722 45   761 .   -   337 45
                                 1 50
1 50
4 .   4 "
1 "   1 .
6 60   6 60
8 40   8 40
Dis
4 "   x
2 25   2 25   + 4 .

9 05   9 05

9 "
_______________________________   ___________
1967=05 723. 45 7 82 25   351 70
                     2 05

	D	ch.	Co	Bar
	723 45	782 25		
12	1 75			
64 2°	1 30	1 30		
32	6 75	6 75		
70	12 50	12 50		
78	2 95	2 95		
84	10 .	10 .		
92	1 75	1 75		
98 64. 26 "				
124	6 60	6 60		
161 1°				
163 2°	1 65	1 65		
38				
170	1 95	1 95		
175	7 55	7 55		
	725 10	833.60		